Di lo que quieres decir
2025

Antología de siglemas 575

Di lo que quieres decir 2025

Antología de siglemas 575

Patricia Schaefer Röder, Editora

Colección Carey

Ediciones Scriba NYC

Di lo que quieres decir 2025 – Antología de siglemas 575
Patricia Schaefer Röder, Editora
© 2025 PSR
Ediciones Scriba NYC
Colección Carey – Poesía

Fotografía y arte de portada: Jorge Muñoz
© Ediciones Scriba NYC, 2025

siglema575.blogspot.com

Impresión: Kindle Direct Publishing

ISBN: 9798999770707

Scriba NYC
Soluciones Lingüísticas Integradas
26 Carr. 833, Suite 816
Guaynabo, Puerto Rico 00971
+1 787 2873728
scribanyc.com

Septiembre 2025

Lluvia de color
me llenas dentro y fuera
siempre cálida.

Ubicua eres
en mis noches sin luna
lucen los astros.

Zurces mis sueños
iluminados de ti
con tonos de paz.

Patricia Schaefer Röder
"LUZ (II)"

CONTENIDO

PRÓLOGO

Un caleidoscopio es un instrumento maravilloso que nos muestra la belleza que produce la combinación infinita de un grupo de formas bañadas de luz. Lo forman un tubo, tres espejos y varios fragmentos de cristales y otros objetos pequeños que pueden moverse y generar diseños cuando se les mira al trasluz. La versatilidad de un artefacto tan sencillo para producir imágenes irrepetibles me lleva a pensar en el siglema 575, donde el tubo serían el título y tema, los tres espejos son los versos de cada estrofa, los fragmentos de colores son las palabras y la luz, la belleza lírica que aporta el poeta que lo escribe. Así, ambas herramientas nos muestran la belleza eterna de la sencillez minimalista.

En enero de 2025, Scriba NYC convocó al 11. Certamen Internacional de Siglema 575 "Di lo que quieres decir". Este año, el certamen contó con 347 participaciones de 21 países de América y Europa. El jurado estuvo formado por cuatro personalidades de la letras de cinco países: Fátima Chávez Juárez (México), ganadora del 10. Certamen Internacional de Siglema 575 "Di lo que quieres decir" 2024, ha participado en antologías nacionales e internacionales, Diplomada en Mediación Lectora del Programa Nacional Salas de Lectura, estudia Gestión Cultural en la Universidad de Guadalajara; Ester Montano (Puerto Rico), estudiante de la Universidad del Sagrado Corazón, escritora y poeta de verso libre, prosa poética y narrativa, editora del proyecto Cuentos a La Goyco: La casa de la plena, la segunda antología escrita y diseñada por estudiantes de la USC; Isaac Cazorla (Puerto Rico/Perú), Bachillerato en Letras y Ciencias Humanas por la Pontificia Universidad Católica del Perú, Maestría en Educación por la Universidad Autónoma de Barcelona, publicó los cuentos *Guernica Ica* y desde el 2008 ofrece talleres de creación literaria; y Bernardo González Baradat (Estados Unidos/Venezuela), PhD en Ciencias Biológicas por la Universidad Simón Bolívar, estudió Literatura en la Universidad Central de Venezuela y es apasionado de la literatura general. Ellos consideraron los siglemas 575 participantes en cuanto a su lírica, estética, minimalismo, conceptualización del tema en cada estrofa e integración de todas las estrofas en un poema.

El primer lugar lo obtuvo CALEIDOSCOPIO, de Sara Merizalde (Costa Rica); el segundo lugar, ENCANTADORA, de Wigberto Méndez García (Puerto Rico) y el tercero, MUJER EN MÉXICO, de Guadalupe Hernández Benavides (México). Las menciones honoríficas fueron para JÍBARO, de María Calixta Ortiz (Puerto Rico); VAMOS, de Domingo Hernández Varona (Estados Unidos); ABRÁZAME, de Anna María Casanovas Catalá (España); VICEVERSA, de María Antonieta Elvira Valdés (España); MAÑANA A LAS SIETE, de Victoria Riquelme (Chile); CARNAL, de Alexander Chacón Marinova (Costa Rica) y AZUL, de Elizabeth Marcano López (Venezuela).

Este año, los participantes del certamen "Di lo que quieres decir" 2025 se enfocaron en la naturaleza, el campo y la ecología, junto a la paz, las migraciones y la actualidad política y social. Los sentimientos, el amor en todas sus formas, la familia y la consciencia de la existencia fueron temas importantes. La luz, las artes, la magia y la poesía también resultaron descritas por varios poetas en este encuentro internacional. La inteligencia artificial, los espejos, el mar e incluso la ballena jorobada, entre otros, quedaron plasmados a través de preciosas imágenes utilizando la forma poética minimalista del siglema 575.

Di lo que quieres decir 2025 recoge los siglemas 575 premiados y destacados, así como una selección de siglemas 575 participantes en el certamen.

Scriba NYC Soluciones Lingüísticas Integradas agradece la concurrencia de los participantes en este encuentro y felicita a los poetas premiados, así como a todos los concursantes, por haber aceptado el reto poético del siglema 575, atreviéndose a *decir lo que quieren decir*.

Patricia Schaefer Röder, Editora

—

SIGLEMAS 575
PREMIADOS

PRIMER PREMIO

Sara Merizalde
Costa Rica

CALEIDOSCOPIO

Coges el mundo
lo rompes como papel
y lo remiendas.

A través de ti
se transforma lo que
pensé conocer.

Los rayos pasan
bailando en un túnel
de mil espejos.

Es más compleja
la imagen que creas
que lo material.

Intensificas.
De un sol haces nacer
cien mil estrellas.

Del gran desorden
un magnífico patrón
geométrico.

Otra escena
creas cada instante
por accidente.

¿Será que somos
todos caleidoscopios
cuando creamos?

Con universos
que observas, me armas
uno íntimo.

Oculto valor
encuentras y proyectas
como el rocío.

Puedes mostrarme
lo que con ojos míos
no sé apreciar.

Inesperadas
mandalas efímeras
nos dejas ver.

Ojos de prisma
que hacen que el mundo
salga a bailar.

SEGUNDO PREMIO

Wigberto Méndez García
Puerto Rico

ENCANTADORA

Era una niña
soñaba con hechizos
y extraña magia.

Nació marcada
con una media luna
en la muñeca.

Con la llegada
de la noche de brujas
se inquietaba.

Alzaba el vuelo
hacia otra dimensión
desconocida.

No le extrañaba
de la mano derecha
la luz brotaba.

Talismán "Nabí"
la llamó la hechicera
al iniciarla.

Abrumada vio
que su cuerpo dormía
en otra tierra.

Doce mujeres
a la luz de la luna
la veneraban.

Ofrecieron sal
y una escoba viva
cayó en su mano.

Reptó hacia arriba
formó en la muñeca
la media luna.

Ahora adivina
y echa todas las suertes
la niña bruja.

TERCER PREMIO

Guadalupe Hernández Benavides
México

MUJER EN MÉXICO

Madres e hijas
abuelas y migrantes
hermanas todas.

Un grito sordo
bajo el charco de sangre:
claro de luna.

Juanas calladas
sin flores ni poesía
aún aguardan.

Entre la tierra
y el graznar de los cuervos
trenzan su pelo.

Rezan La Salve
o recitan conjuros
para sus miedos.

En un país
donde su propio nombre
es mal augurio.

Ninguna olvida
aúllan como lobas
se quieren vivas.

México-muerte
mariposas heridas
bajo la lluvia.

En cada esquina
ellas alzan sus voces
¿alguien escucha?

Xochipitzáhuatl
mujer menudita, flor
virgen de todas.

Intercede tú
por ellas, por sus hijas
y por nosotras.

Contamos todas:
Ana, Luisa, Sofía
negras, lesbianas.

Olimpia, Digna
las que caen de La Bestia.
¡Mujeres somos!

MENCIONES
HONORÍFICAS

María Calixta Ortiz
Puerto Rico

JÍBARO

Jocoso grita
en lo alto de la roca
¡eh, WEPA, WEPA!

Infla su pecho
como gallo fanfarrón
canta la patria.

Bate tambores
el coquí hace coro
forma un vacilón.

Alma boricua
que lo lleva en su sangre
como en el sudor.

Ronca la siesta
honrando el antaño
brisa lo arrulla.

Orgullo tiene
mucha dignidad también
jíbaro noble.

MENCIÓN DE HONOR

Domingo Hernández Varona
Estados Unidos

VAMOS

Vayamos, huella
a caminar el mundo
que se impacienta.

A levantarnos
con la mañanísima
al espinazo.

Manos, muévanse
sujeten con nudillos
al tiempo sutil.

Orquesten su voz
mis dedos caprichosos
dardos al aire.

Salgamos, vuelen
mis piernas por las horas
cabalguen, corran...

MENCIÓN DE HONOR

Anna María Casanovas Catalá
España

ABRÁZAME

Abrázame hoy
aunque ya no te mire
como solía.

Bajo este cielo
mi memoria se esfuma
pero tú quedas.

Rota mi mente
pero aún mi corazón
te reconoce.

Ámame así
como quien ya perdona
todo el olvido.

Zarza sin flor
así se vuelve el alma
sin tus abrazos.

Aún en la noche
mi sombra te reclama
aunque no hable.

Miro sin ver
mas tu luz me acompaña
dentro del pecho.

En el silencio
tu abrazo es el lenguaje
que aún entiendo.

MENCIÓN DE HONOR

María Antonieta Elvira Valdés
España

VICEVERSA

Verdad que arde
hielo que se derrite...
Y viceversa.

Inicio y fin
caminos que se cruzan...
Y viceversa.

Ciclos eternos
los días y las noches...
Y viceversa.

Espejos sin voz
ecos que guardan sombras...
Y viceversa.

Viento y raíz
tú subes, yo desciendo...
Y viceversa.

El cielo, el mar
componen sus azules...
Y viceversa.

Raíz y cumbre
acarician la tierra...
Y viceversa.

Soy tu destino
tú me muestras la senda...
Y viceversa.

Almas eternas
bailan en sincronía
perenne vaivén.

MENCIÓN DE HONOR

Victoria Riquelme
Chile

MAÑANA A LAS SIETE

Me verás llegar
a las siete en punto
cariño mío.

Alcanzaremos
la estrella más alta
descansaremos.

Ñacurutú del
bosque y los árboles
ave cómplice.

Acariciarás
mi cabello, mi boca
flotará mi ser.

Nuestras columnas
formarán un núcleo
seremos uno.

¿Acaso sabes
cuánto tiempo te soñé?
Todas las noches.

Aparecías
y desaparecías
siempre estabas.

Léeme dices
quiero disfrutar tu voz
mujer rizoma.

Amor adulto
a la hora exacta
el año justo.

Sal y orilla
arena y pisadas
somos eternos.

Soles y lunas
planetas y órbitas
magia íntima.

Intuyes todo
lo que siento y pienso
tu poder mental.

Es similar al
florecimiento de la
flor de los vientos.

Tierra y aire
fuego y agua metal
hombre erecto.

Exactamente
mañana a las siete
todos los días.

Alexander Chacón Marinova
Costa Rica

<u>CARNAL</u>

Cierro mi mente.
El vapor flota tibio
entre sábanas.

Apenas fue piel.
Y sin embargo duele
como si amara.

Rastros de curvas
se van por el pasillo
hacia la ducha.

Nudo en garganta.
Me siento en la orilla
del error carnal.

Aún sin ropas voy
más desnudo por dentro
que por afuera.

La culpa llena.
E igual, aunque no creo en Dios
se lo pregunto.

MENCIÓN DE HONOR

Elizabeth Marcano López
Venezuela

AZUL

Acuarela de
azules degradados
es tan inmenso...

Zafiro azul
te pierdes entre cielo
y mar... Inmenso.

Universo tan
infinito y sin ti
no quiero vivir.

Luces brillantes
el cielo se refleja
en ti... Azul mío.

SIGLEMAS 575
DESTACADOS

Mariela García Hernández
Puerto Rico

VENEZUELA

Vive lejana
una tierra radiante
y amarillo sol.

Emocionada
mirando alegre con sus
ojos azules.

Nostalgia quizás
aunque siempre sonríen
sus labios rojos.

Esperanzada
ve regresar sus hijos
los caminantes.

Zalamera va
y los abraza fuerte
cubriendo de amor.

Unísona voz
y bandera tricolor
gritan libertad.

Exilio ¡no más!
La madre necesita
vivir hoy en paz.

Lágrimas adiós
allá en el norte del sur
brillará la luz.

Amanecerá
un yugo derrotado
y una nueva voz.

Néstor Quadri
Argentina

CANTA EL PARQUE

Cuando amanece
lo despiertan al parque
bellos cantares.

Aves gorjean
mientras huye de a poco
la triste noche.

Naciendo el sol
un zorzal en la rosa
bebe el rocío.

Tiene la fuente
posados en su vera
a unos faisanes.

Al mediodía
el parque oye un concierto
de ruiseñores.

El gorrión trina
porque tras una nube
se oculta el sol.

La rama tiembla.
Se posa sobre un árbol
una calandria.

Pasa la tarde
mientras canta un jilguero
y otro responde.

Aleteando
un colibrí en el aire
besa una flor.

Remonta vuelo
cuando ya cae el sol
una torcaza.

Quejosas aves
al llegar el ocaso
vuelven a nidos.

Ulula un búho
enviando su mensaje
en las penumbras.

Es ya la noche
cuando se oye el chillido
de una lechuza.

Mario González Gómez
México

LOS EMIGRANTES

Los desvalidos
llamados emigrantes
mucho han sufrido.

O comerciantes
que en su país no medran
o itinerantes.

Sus pasos llevan
a perseguir un sueño
en donde yerran.

El duro empeño
de conquistar un mundo
no es halagüeño.

Marchan jocundos
ignorantes del pozo
negro y profundo.

Inventan gozo
pero no les resulta
pues fue infructuoso.

Gimen, se insultan
por el triste suceso
que los sepulta.

Rabia en exceso
al sufrir vejaciones
en el proceso.

A estas acciones
ni quien les ponga coto
no hay soluciones.

Nulo y ya roto
el proyecto dorado
en suelo ignoto.

Todo ha pasado
el dinero se esfuma
por mal gastado.

Es como espuma
perdida en esos mares
de eterna bruma.

Sólo pesares
los emigrantes viven
en sus andares.

Marcela Beatriz Viotti
Argentina

CONVIVENCIA

Comunidades
con personas diversas
que se integran.

Oportunidad
de valorar saberes
en diversidad.

Nunca rechazo
hacia el diferente
que es mi igual.

Vivir lenguajes
en armonía cabal
sin discriminar.

Intercambiando
culturas milenarias
y necesarias.

Varias creencias
agrupadas conversan
enriquecidas.

En un espacio
con el respeto como
valor humano.

Nada por fuera
de una pacífica
coexistencia.

Convergencia de
costumbres cotidianas
entrelazadas.

Imaginando
nuestro tejido en lo
comunitario.

Amando siempre
la tolerancia, base
del pluralismo.

Dora Luz Muñoz de Cobo
Colombia

LA BALLENA JOROBADA

Lucen azules
gigantes de los mares
son majestuosas.

Asciende altiva
con su júbilo innato
en salto libre.

Ballenas ríen
preludio en acrobacia
siguen al viento.

Ala extendida
pecho blanco brillante
crean lo sublime.

Lejos de todo
la yubarta imponente
cálidas noches.

Libre el reino
olas besan su espalda
nadan los peces.

Escucho cantos
deleitan sus sonidos
sensual danzar.

Nada con madre
pequeño explorador
leche materna.

Asir el tiempo
migran hacia aguas cálidas
pasión y calma.

Jocosa nada
al paso de los años
comparte sombras.

Ondas les soban
gentiles y longevas
brillan en el sol.

Resplandeciente
bailarina entre vientos
saluda aleta.

Orcas acechan
depredadores cazan
en el silencio.

Belleza gris
la luz mágica envuelve
en soledad.

Alcanzan paz
navegan en cadencia
noche de luna.

Dominio, temple
pesado cuerpo en ondas
rapaz al vuelo.

Abismal fondo
transcurrir de la vida
nutre a otros seres.

Lourdes Crespo Couto
Puerto Rico

AFERRADA

Apego a ti
entre tiempo al tiempo
en sombra vivo.

Fluye el llanto
lluvia menguante duerme
en río lágrimas.

Esperanzada
se vive en zozobra
quizás, al filo.

Retornaremos
sin voz al lar soñado
en danza de luz.

Risas y llantos
con fábulas y cuentos
caricias y más...

Aferrada voy
soy espina y sal
ahora ven, ¡ya!

Dolor que quema
espera que apuñar
mata mi ardor.

Angustia pura
reloj corre y veloz
sin tiempo amor.

Maite Moreno
España

LEJOS

Llevo el silencio
de muchas madrugadas
en mis zapatos.

Enterré el sueño
de crecer en mi rama.
Hoja exiliada.

Jamás o siempre:
En el borde del fondo
de la nostalgia.

Otro respiro
con la suerte propicia
o al menos ciega.

Ser una sombra
lejos de algún estigma.
Al fin del mundo.

Bryan A. Romero Márquez
Italia

CALLE

Cómplice fiel
de los pasos furiosos
de los poetas.

Adolorida
por el derramamiento
de tantos mártires.

Las sendas tuyas
se bañan con los gritos
y con el sol.

Los improperios
de las bombas te marcan
con cicatrices.

El cuento de la
humanidad transcurre
sobre tu cuerpo.

Jaime A. Rodríguez Ibarra
México

SIGLEMA

Sublime majo
polifonía vocal
versa afable.

Íntima versa
sílabas hermanadas
métrica triada.

Grafía axioma
síncopa fonético
acorde tonal.

Lírica propia
matices poéticos
trova mítica.

Encanto total
sinalefa liberal
benigna letra.

Mar poético
remanso literario
esencia oral.

Amo la versa
idílico poema
épica ritual.

Antonio Salas Ramírez
Alemania

LUZ

Lumbre atenta
despertada la llama
aura caliente.

Un hada baila
al filo de una vela
humo desfila.

Zarpa la sombra
la noche no insiste
y no se nombra.

SIGLEMAS 575
SELECCIONADOS

Silvia Gallardo Sánchez
México

IZTACCIHUATL

Inmenso volcán
nívea mujer dormida
en lo eterno.

Zarpazo visual
deleita la mirada
fría blancura.

Triste leyenda
de ancestral belleza
de amor y muerte.

Alma inmortal
te ciñes bajo el cielo
besando al sol.

Célebre dama
destinada a morir
sin mieles de amor.

Con tus lágrimas
congeladas y tristes
sentir perenne.

Inactivo ser
dormido sentimiento
¿qué pasa en ti?

Humea a lo lejos
tu vigía valiente
vela tu sueño.

Unidos siempre
volcanes inmortales
reina y guerrero.

Almas amantes
amor inmarcesible
en la eternidad.

Tocas la luna
que guarda tus tristezas
noches calladas.

Luces tu beldad
en distante lejanía
ahora y siempre.

Juan Fran Núñez Parreño
España

AURORA

Ahora brota
el inicial destello
en la distancia.

Un nuevo día
emerge y nos completa
con su energía.

Renacimiento
de un precioso momento
para la vida.

Ofrecimiento
de esa luz bondadosa
para nosotros.

Resplandeciendo
los primeros colores
del horizonte.

Amaneciendo
surge el astro que abriga
nuestra existencia.

Celia Karina San Felipe
Estados Unidos

DEI GLOBAL

Deseos de un
empleo y servicios
¿los podré tener?

Estrategias por
equidad, ¿cuándo las van
a hacer funcionar?

¡Impacto social
atención al presente
discriminado!

Gestores midan
aplicación y tiempo
cuantitativos.

La inclusión versus
complejos en selección
interseccional.

Ofrezco C.V.
logros y méritos en
mi postulación.

Busco empleo...
Estoy vieja, ¿lo darán
después de muerta?

Antes pretextos
eran documentos... ¿Y
cuál es ahora?

Logré la legal
disponibilidad, ¡hay
ya que empezar!

Gabriela Ladrón de Guevara

México

<u>MÚSICA</u>

Mil notas vibran
aire resuena libre
cosmos escucha.

Únicas notas
idioma sin palabras
tocan el ser.

Sonidos fluyen
armonías en mundo
ecos de vida.

Infantil dicha
evoca mil susurros
creación llama.

Cuerdas y voces
danza en tiempo y espacio
historia eterna.

Amor profundo
lenguaje portentoso
difunde paz.

Lara Garula
Uruguay

SOLEDAD

Silenciada soy
penumbra nos abraza
nadie responde.

Oscura noche
muros lloran vacíos
lágrimas caen.

Lento susurro
"Perdido en mí mismo"
abismado fin.

Eco que duele
sombras en el destino
quebrada alma.

Deseo arder
que fuego borre mi ser
sólo cenizas.

Ahora tiempo
detenida ausencia
olvido tu voz.

Duele el final
las sombras son testigos
no hay regreso.

Alejandro Pes Casado

España

KURA SAKURA

Kura Sakura.
La Casa de Cerezos
amor y frutas.

Unamos seres
elementos, agua y sol
la tierra y ire.

Rosácea flor
flor y abejas, insectos...
La flor madura...

Árbol grande, amor.
Buena sombra y cobijo...
Cerezas buenas...

Seguro que el sol
y lluvia atraen gorriones
a su ramaje.

Amor de lujo
los pájaros del cielo
picarán fruto.

Kilos de aquí
al último cerezo.
Cosecha buena.

Un fruto y señor
campos rosados en flor
en mi corazón.

Recién llovido
fruto limpio y sano
será comido.

Antes de partir
cereza has de gemir.
Tu hogar, el campo.

María Magdalena Ugaz
Puerto Rico

MIGRANTE

Manos sin razas
doblan espaldas diarias
por alimento.

Inmigrante soy
la tierra me abraza
cuerpo y sangre.

Geografía
de huellas multicolor
sobre desiertos.

Reserva moral
de una historia fuerte
discriminada.

"Alien" nos dicen
extraordinarios
en todo mundo.

Nación sin tiempo
frontera invisible
en mentes sanas.

Temor humano
por acción reprobada
y razón necia.

Extraditados
por mirar al futuro
con frente alta.

Edgar Brian Yañez Argüelles
México

ESTRELLA

Estela viva
llena de esperanza
ímpetu blanco.

Suerte bendita
que salva en gran apuro
San Misteriosa.

Tener con valor
un héroe que guía
protege y ama.

Recio Salomón
inspiran y enseñan
buen camino son.

Esperanza azul
que vence mal y miedo
de un bien amar.

Llanto en bueno
tristeza vuelta en vida
alarido mar.

Lluvia con risa
fuerza de la negrura
brillante mar.

Ánima pura
invencible de marfil
buena y dura.

Elba Graciela Vargas
Uruguay

TE VI

Te vi en la tarde
murmullo del ocaso
quietud del lago.

En el reflejo
de luna y las estrellas
y el canto de ave.

Vana esperanza
una canción perdida
desvanecida.

Ir de palabras
aún cuando respiro
oigo tu risa.

Raúl Castillo Soto
Estados Unidos

MACABRA

Miro a mis pies
y su ajada existencia
se hace patente.

Aferrada a mí
como aquel pensamiento
que no se extingue.

Como la hiedra
de un balcón milenario
que nos vigila.

Asedia a todos
y a todas, por igual:
con paso firme.

Batel anclado
declamando en silencio
a la cruel vida.

Ráfaga oculta
el espejo sin luz
que nos imita.

Aguarda en paz
en siniestro recinto
la oscura sombra.

Ricardo Arasil
Uruguay

SONRISA

Silente mueca
que quiero, aliento y trato
viva conmigo.

Omnipresente
acorta las distancias
y sin palabras.

Nunca olvidarla
pues, aunque fluya errática
es bienvenida.

Recién nacida
toda luz y carisma
abre caminos.

Impredecible
brota desde la nada
sin artificios.

Salpimentada
con alguna guiñada
sabe mejor.

A quien la luzca
le bailará en la cara
la simpatía.

Alfonso Alarcón Cervantes
México

EDUCAR

Estamos llenos
de vacíos y sueños
de ansias locas.

Descubrimientos
pruebas, experimentos
errores justos.

Unos y otros
posibilidades de
encuentro y luz.

Conceptos vagos
definidos enteros
eurekas lentas.

Ahora llega
suave iluminación
mundos lúcidos.

Reunión completa
las metas superadas
estamos llenos.

Rodrigo Moreno
Chile

GUERRA

Guiño a la muerte
para comprar más agua
que su propia sed.

Una oda de
la codicia pudiente
guion a su merced.

El dolor arde
en medio de las vidas
que no volverán.

Ríos de sangre
inocencias perdidas
sólo por afán.

Rojas las manos
de quien ordena el fuego
sin discriminar.

A esas almas
que no verán mañanas
perdón por fallar.

María Pedraza

Estados Unidos / Puerto Rico

CAOS

Cambios, temblores
y fuegos forestales
muchos desastres.

¡Algunas veces
invade un tremendo
miedo, espanto!

¡Oh Dios, ten piedad!
Abrazo mi fe, en ti
siempre confiaré.

Son los cambios la
protesta de la madre
naturaleza.

Isabel Ford
Uruguay

MASCOTAS

Mimos te brindan
y no reclaman nada
muy inocentes.

Amor, ternura
entregan fidelidad
son muy sinceros.

Siempre amigos
a veces se les falla
los abandonan.

Corren y saltan
te protegen, te buscan
ellos felices.

Obedientes son
también muy compañeros
marcan espacio.

Tienen instinto
defender al amigo
como al hogar.

Adorables son
se entregan a todos
muy especiales.

Sienten tristeza
cuando son maltratados
¡nunca lo hagas!

Hugolina Finck

México

LUZ

La tarde clara
invade corazones
muy relucientes.

Un gusanito
anuncia su crisálida
transformará.

Zeus nos guía
a la transformación
amar o no.

Elisanne Zabaleta
Venezuela

LA BARRENDERA DEL RETIRO

Laberinto en
los sueños de mujeres
ocultan gotas.

América en
venas abiertas, raíces
nativas del sol.

Barrendera vas
Cantándole al viento
rocío de sal.

Abrazos simples
tierras lejanas al mar
del crepúsculo.

Riveras ricas
en rizos de oro del
recuerdo de cal.

Recolectando
polvos desbastados de
etnia en loto.

Esclavización
de mujeres niños en
masa de maíz.

Nacionalizar
el despojo de tierras
sangre de indios.

Desigualdad del
cosmos de Galeano
venas abiertas.

Experimentos
en manos saqueadas
sobre los pueblos.

Racimos de los
frutales del pasado
persiguiéndonos.

Anacondas en
ecdisis hojas secas
de los espejos.

Desaliento del
hombre empobrecido
alas cortadas.

Exportación de
ricos suelos de Incas
espora del sol.

Laberinto del
minotauro atrapas
niños del barro.

Regresión a la
tierra del río en los
cantos de aves.

Embriagadas en
un mundo lejano de
rostros envueltos.

Tradiciones del
coraje perdido del
Santo Sudario.

Incontables los
pasillos convertidos
en oscuridad.

Rostros marchitos
hojarascas del toro
mujer del tiempo.

Oráculo de
ofrenda, Pasífae
a su destino.

Zaira Briseño Hernández

México

RYDER

Resuelve todo
con gran inteligencia
y habilidad.

Y cuando alguien
necesita ayuda
al rescate va.

Donde sea irá
junto a sus cachorros
para ayudar.

En tecnología
es todo un inventor
que no se rinde.

Ryder es genial
valiente y maduro
líder de verdad.

Graciela Olivera
Uruguay

TE AMO

Tengo un amor
en otro lado. Cielo
suyo y lejano.

Espero verte
cuando la primavera
venga y me eleve.

A veces siento
que estoy enamorada
porque lo extraño.

Mi amor eterno
solo por recordarte
ya estoy viviendo.

¡Otro momento!
Yo sueño que me abrazas
con alma y cuerpo.

Joshua Serrano Maclara

INDELEBLE

Insospechado
intrínseco, impropio
insostenible.

Neblina densa
pesa como materia
nada es mucho.

Dilucidar es
deleite exhaustivo
delirio nato.

Energizarnos
encoger, sobrecoger
encoleriza.

Licua el aire
levita hondo, bajo
alto, aplasta.

Egil, eres tú
agrio olor a vida
encarna humo.

Beber del aire
aire ausente, muere
besar la sombra.

Lisonja, tinta
indolentes lágrimas
limpian y borran.

Elevan mantra
entumecen los ojos
entre sollozos.

73

Eduardo Piña España
México

<u>TUNA</u>

Trunca rosaflor
estrella espinosa
campana sin ton.

Uva caída
del recio árbol célebre
fruto de dulzor.

Nuncio, tu rubor
asoma al llegar el fin
de verde estación.

Ajuates tiñen
de indiscreción las manos
del caco ladrón.

Luciana Tola Espinosa
Uruguay

AMORE

Ambos quisimos
en este anochecer
llegar aquí.

Mi noche brilla.
Siento que en tu presencia
todo se calma.

¡Oh calma tuya
que me recorre toda!
Eres mi vida.

Roma celosa
de noches compartidas
también de días.

Eres mi calma
y yo soy toda tuya
por siempre tuya.

Enmanuel David III Colmenares Arandia

Venezuela

AMELINA

Alma perenne
Amelina extinta
misil malvado.

Muerta querían
verte, sigues viva con
tus dos novelas.

El misil mató
cuerpo, pero no bolso
con tus escritos.

Leópolis miró
tu amor por los poetas
de tu terruño.

Intensos actos
Euromaidán la lucha
con sufrimiento.

Nunca sintieron
tus sentimientos puros
tus nobles manos.

Alma perenne
Amelina extinta
misil malvado.

Carlos A. Arbelaez Cano

Colombia

EFÍMERA

Es fugacidad
la vida transformada
en plazo infame.

Fuego imposible
más allá del respiro
llama infatuada.

Inspira poco
poca su permanencia
de largo pasa.

Marcando el vuelo
ave sin horizonte
el aire corta.

En sus dos alas
se acunan pasajeras
las emociones.

Resiste el aire
la vida está resuelta
sin tu presencia.

Ave de paso
solo fuiste un adiós
sin esperanza.

Marta L. Torres Jorajuría
Uruguay

DISTANCIA

Días sin tiempo
inmersos en la bruma
de mi pasado.

Íntimo el gozo
de aquel beso olvidado
tan solo mío.

Siempre distante
entre la niebla gris
de los recuerdos.

Tiempo vivido
al través de las sombras
de una esperanza.

Acaso vivo
quizás por la promesa
nunca cumplida.

Nace allá lejos
una luz pequeñita
que ahora espera.

Compás del tiempo
desde lo más profundo
de tu silencio.

Infaustos sueños
divagan entre cirros.
¡Por siempre lejos!

¡Ay, la distancia!
Tan fría y solo mía.
Hija, te fuiste...

—

Carmen Serrano-Bruno
Puerto Rico

ALABANZA

Amanecer
sonrisa al firmamento
por un buen día.

Las aves cantan
melodías sublimes
vigorizantes.

Alzo mis ojos
en un intento por ser
agradecida.

Busco un motivo
para sentirme viva
y renovada.

Alcanzo a ver
las plantas en el jardín
ya floreciendo.

Nacen sus brotes
racimos de esperanza
en abundancia.

Zumba la abeja
posándose en la flor
por el sustento.

Alabanza a ti
mi creación hermosa
mi medicina.

David N. Renteria Vargas
México

ORO

Oscuridades
que corrompen al hombre
y cambia vidas.

Rondas la vida
robas los corazones
compras el alma.

Orientas seres
hacia mucha fortuna
y más desgracias.

Alejandra Juárez Navarro
México

MAMÁ

Maravilloso
aroma de mi amor
acercándose.

Ahora aquí
te comprendo corazón
extraordinario.

Más que mi vida
eres mi guía y luz
para mi andar.

Amor sin fin
ángel que me protege
tú eres vida.

Milagros Rivera Otero
Puerto Rico

YUGO

Yugo con fuerza
depredadora atrapa
a su víctima.

Una opresión
concedida por mente
de luz diáfana.

Gota de fría
atadura que abruma
nuestra conciencia.

Ola de intriga
que siempre esclaviza
grandes ovarios.

Luisa Betancur Vásquez
Colombia

USTED

Usted me gusta
desde lindos suspiros
hasta el lápiz.

Solo con verle
ilumina el cielo
lo sutil nace...

Toda mi alma
levita, es, existe
cobra sentido.

Es mágico y
difícil de expresar
pero lo vivo.

Debuta todo
todos mis sentimientos
por vos, por usted.

Jesús Rivero
Venezuela

KAIZEN

Karma, destino
que acompaña tus cambios
al ser mejor.

Actitud, ánimo
para alcanzar las metas
en nuestra vida.

Interés en
las pequeñas reformas
y grandes logros.

Zefir del alma
cuando encuentra la paz
en sus pasiones.

Emprendimiento
continuo, con avances
que fortalecen.

Noble virtud
arando un porvenir
hacia el futuro.

Ana María Vílchez Camacho
España / Venezuela

EROS

El placer fugaz
devorando en tu piel
un chocolate.

Reminiscencia
del tiempo y espacio
solos tú y yo.

Observándonos
envueltos en la magia
de su dulzura.

Savia de amor
alimento del alma
alucinante.

Baltazar Cordero Támez
México

RARÁMURI

Regia y alada
avanza en la pisada
esplendorosa.

Ante el mundo
que ovaciona tu osadía
mujer y gloria.

Rara virtud
para una fémina
como Lorena.

Alza su vuelo
alcanza los laureles
de frente al mundo.

Magia perenne
sobre tu trayectoria
muy rebasada.

Un gran orgullo
para toda tu gente
que ya te aplaude.

Recuerda siempre
los logros inmortales
de tus corridas.

Interminable
el vuelo de tus alas
desde tus pies.

Edwin Colón Pagán
Puerto Rico

PIANO

Pulsa nostálgico.
Pentagrama en el cielo
palpita nubes.

Intensas gotas
in crescendo sonido
insta la lluvia.

Arpa vibrando.
A un "sol si re" pluvioso
arca navega.

Notas latiendo.
Nadan acordes en un
nublo aguacero.

Ondas y cuerdas
orquestando un diluvio
ovacionado.

Susi Velasco
Alemania

HADA MADRINA

Hechizos lindos
varita en la mano
sueños concedes.

Alma flotando
jardín imaginario
utopía sin fin.

Distopía mía
negación y anhelo
aparición ver.

Alas de éter
fantasía ideal
revolotean.

Mágica visión
multicolores ente
alucinación.

Alquimia viva
quimera echa fuego
deseo amor.

Divinidades
idealizadas sois
maravillosas.

Risueña eres
espiritualidades
eco y rima.

Ilusionando
finalmente resuelves
preocupación.

Ninfa de ficción
creyente de fábulas
real invención.

Alba florece
recompensando a mis
ensoñaciones.

Cinthia Flores García
México

MELANCOLÍA

Mar de tristeza
abruma mi cavilar
duele despertar.

En la nostalgia
mi vista perpleja ya
empañando va.

Lágrimas bajan
en mi mejilla caen
recuerdos van.

Alba reluce
mi ingrato desvelo
el dolor veo.

Noche amarga
traspasa mi velar y
mi amor rasgar.

Corazón roto
abunda en soledad
para mi pesar.

Ojos hermosos
que historia traen
distantes van ya.

Llanto que se va
votando al recordar
permanecerá.

Ilusa niña
en pasado quedará
mi eternidad.

Amo recordar
que todo va a pasar
en la brevedad.

Noemí Álvarez Ramos
Puerto Rico

ROTA

Rota estoy en
mi ser y los pedazos
están por doquier.

Otro día más
tratando de sanar ya
en el sepulcro.

Tormento de ser
humano en un mundo
que me dañaba.

Actuando como
costurera silente
ocultándome.

Keniel Soto
Puerto Rico

LISONJEO

La riqueza es
bajo todas las penas
umbral de libros.

Intensas lluvias
incultos aterrados.
¡Grandes vergüenzas!

Somos humanos
somos seres cósmicos
vivas semblanzas.

Ofrendas magnas
¡no pedigüeñerías!
Solo entender.

Nosotros fuimos
ante todo cómplices
en algún punto.

Jueces corruptos
de una vida pasó
¡falso entender!

El gran deseo:
libros que nos mantienen
ante tormentas.

Osadas vistas;
llenas de ignorancia
¡actualmente vil!

Melissa Alvarado Sierra
Estados Unidos / Puerto Rico

ISLA

Intento todo
y no consigo nada.
Orilla muerta.

Sayón que llega.
Huracanada la fe
la puerta abierta.

Lejos el viento
que me llevó a la mar.
No hay aliento.

Aquí nacimos
y aquí nos morimos.
Un gran lamento.

Yeray Varelas Luna
México

INEFABLE

Intenté que el
sentimiento que hay en
mí se borrara.

Nunca lo logré
no te fuiste de lo más
profundo de mí.

Encendido en
dolor por el amor que
nunca obtendré.

Falta mucho más
que tu indiferencia
para pararme.

Ante ti juro
la eternidad de mi
amor hacia ti.

Bendíceme con
tu cariño, solo un
poco me basta.

Llévame a las
estrellas solo con mi
ilusión por ti.

Eres y serás
mi principio y mi fin
eres mi todo.

Camila Sanchez Fossa
Argentina

SILENCIO CLÁSICO

Silencio quiero
sentada bajo el árbol
para encontrarme.

Inunda ella
mi espíritu antiguo
y todo fluye.

Largos conciertos
aplastan el horror
y lo vulgar.

El frío arrasa
mi piel ya se eriza
me escapé.

Nuevas escenas
de ballet medieval
nacen en mí.

Cierro los ojos
la inspiración llega
puedo escribir.

Instante mágico
el piano suena lila
la tuba, verde.

Orquesta pura
destapa mi ventana
veo el cielo.

Cantan las aves
oigo hojas crujir
hierba crecer.

La gente grita
Bach a todos silencia
vibra mi alma.

Amor eterno
le juro a la clásica
porque me calla.

Sepulta lógica
libera ataduras
cuenta historias.

Intento volar
al silencio acudo
tomo carrera.

Cuento historias
con pluma en la mano
sobre el hoy.

Oda a ella
a mi fiel compañía
clásica clásica.

Alicia Marlene Ríos Pérez
Cuba

OLVIDO

Otros se ríen
porque la felicidad
está con ellos.

Liberan su luz
alegres en su andar
y yo, con duelo.

Vivo mis dudas
creyendo en tu amor
que aún no llega.

Idolatrando
los instantes del verbo
y de tu beso.

Deseándote
segundos y minutos
que hoy regreses.

Oigas tú... Mi voz
y absorbas del aire
este olvido.

Julia Toro Acevedo
Puerto Rico

POETA VIVO

Poeta donar
las palabras precisas
en testimonio.

Oscuro el sol
sobre las cicatrices
poeta triste.

Él, engañado
acude a las letras
para morderlas.

Traficante soy
del pensamiento simple
sobre el papel.

Auxilio en flor
belleza distraída
frasco, perfume.

Virgen y nudos
el rosario partido
plegaria en paz.

Incoherencias
la contradicción mental
en tachaduras.

Violencia suya
libertad la palabra
que él declama.

Otra es la voz
que habla con sus manos
poema nace.

Esther González
Puerto Rico

<u>LUZ</u>

La ves, la sientes
lo ilumina todo
con su resplandor.

Usas lámparas
en todos los lugares
para alumbrar.

Zigzag proyecta
cualquier rayo que entra
hacia el salón.

Olga Lidya Sánchez

Estados Unidos

COSMOS

Casa de todos
que nos brinda el amor
la luz y orden.

Obediencia que
rige la energía
incondicional.

Somos los hijos
que debemos cuidar la
substancia dios.

Manifestación
divina creadora de
la vida misma.

Organización
de todo lo vasto que
existe en sí.

Soberano de
absoluta perfección
inigualable.

Enrique Mendoza Sierra
México

MUJER

Mi fascinación
esencia de mi alma
mágica pasión.

Una sencillez
en un mundo barroco
incomprensible.

Juntos iremos
al cielo y más allá
la eternidad.

Entre tus manos
oscila mi historia
pasión y gloria.

Risa preciosa
imagen etérea
¡es mi esposa!

Carolina Tirado Ramírez
México

AMISTAD

Algún encuentro
momentos coincidir
son para surgir.

Mano amiga
mirada que comprende
ojos sinceros.

Ilusiones mil
emociones al verse
recuerdos gratos.

Sonrisa feliz
palabras que consuelan
abrazo real.

Tardes hermosas
charlas maravillosas
compartir el pan.

Aquí estaré
por si me necesitas
te esperaré.

Dolor que une
alegrías vividas
eternamente...

Fabio Sánchez López
México

BOQUETE

Brisa amarga
amores pasajeros
besos mortales.

Oleaje fugaz
silencios disruptivos
dolor corrupto.

Qué lindo mirar
recordando lo que fue
sin poder volver.

Un lío aquel
amar lo más que puedas
sin lastimarte.

Eterno duelo
entre mente y alma
mientras me besas.

Tonto iluso
juraste amor leal
al cruel verdugo.

Estaré vivo
con amor entre manos
entre pasados.

Tania Mauri Macareño

Perú / Venezuela

CALMA, AMOR

Cae la noche
respira, luz de luna
duerme en calma.

Ansío besos
soñando sus amores
viviendo sola.

Libre su alma
vuela ave nocturna
lejana vida.

Maravilla, él
asombro en su pecho
brillo de sol es.

Arden sus manos
caricias despiertas
pasión entre dos.

Amándote y
despertando la vida
deseo crudo.

Musa, poeta
yo canto alegría
verano y sol.

Obra maestra
es su boca en la mía
vivo por eso.

Roza destino
mi paz es rota por el
amor perdido.

Rodolfo Payan
Estados Unidos / Cuba

PAZ

Paloma blanca
con esperanza nos trae
hojas de laurel.

Ansiosa busca
un lugar de descanso
que poco se ve.

Zigzagueante va
bendecidas sus alas
con su mensaje.

Joseph Estrada Morales
México

MEIGA

Mil luces hace
por las manos desnudas
con un gran poder.

Elevando más
que metales pesados
y sin esfuerzo.

Inigualable
es mirar su grandeza
en los hechizos.

Gigantes hombres
con sus viejas palabras
otorga vida.

Aparece ya
al recitar las runas
de los ancestros.

Rosario Díaz Ramírez
Perú

UCAYALI, ERES BELLA

Una ciudad
despierta ante la tierra
canta el ave.

Cada paso soy
la pisada presente
deja la huella.

Amaneceres
llena de los perfumes
de los árboles.

Y con el amor
florecen las palmeras
lleno de color.

Amazonas paz
canta río en riberas
donde hoy navegas.

Libre del caos gris
sólo naturaleza
reina alegría.

Imagina tú
la lluvia fresca que cae
sobre los árboles.

Es el esplendor
que mis ojos de luces
ven cada día.

Respiro el aire
sin la contaminación
sin el metano.

Entre luz brilla
luna la esperanza
corazón tierno.

Secreto guardas
tierra de bendiciones
de frutos, flores.

Brinca la rana
salta el sapo feliz
salta mi alma.

Es Ucayali
tierra bendita bella
mi gran tesoro.

La luciérnaga
la feliz mariposa
que vuelan solas.

Lilas y lirios
jardín del paraíso
guarda la selva.

Aquel pájaro
sin más melancolía
ya no hay tala.

Miguel A. Ovalle Longo
Puerto Rico

POESÍA

Pilar humano
dictado universal
la magia en versos.

Osado encuentro
de voces exteriores
tinta de dioses.

Espada blanda
batalla filosofal
escudo en guerra.

Saber místico
de canalizadores
en su soledad.

Idilio musa
bello espejo social
danza etérea.

Ardid en papel
imagen y funciones
arte del verbo.

Ana María López Beltrán
Puerto Rico

AMISTAD

Amigos siempre
juntos en complicidad
por amor será.

Muy apreciada
la amistad sincera
¡vínculo total!

Imprescindible
para la salud mental.
¡Regocíjate!

Sanidad total
compartir con amigos
las alegrías.

Tiempo de gozo
compartiendo historias
recuerdos gratos.

Amable trato
respeto, amor, claves
de la amistad.

Desde el amor
el corazón se nutre
para vivir más.

Jefte Mejía González
Venezuela

VENEZUELA

Vivir; existir.
¿Sobrevivir o morir?
¿Aún intentas huir?

Estás orando
nuestro país clamando
¡paz! Mis hermanos.

Noches eternas
días de sufrimiento.
¡Adiós! Libertad.

Expropiaciones
la dictadura ganó
ya se coronó.

Zarpa la verdad
se queda la mentira
fin de la vida.

Unidad total
aunque la alcanzamos
no celebramos.

Es la derrota
golpea y ahoga
no se demora.

La arrogancia
ego y prepotencia
es su esencia.

Alerta estaré
a mi país volveré
por él lucharé.

María del Pilar Reyes

Estados Unidos / Puerto Rico

LÁPIZ

Líneas y curvas
trazas, cuerpo cedroso
de aguda punta.

Ágil servidor
aún hoy eres especial
para el que escribe.

Papeles... Lienzos
donde erguido dibujas
fluido arte.

Inventas; das luz
a eso invisible hilvanas
lo imaginado.

Zurdos y diestros
te mueven a su antojo
para expresarse.

Sandra Santana
Puerto Rico

LIBROS

Libros como pan
como quería Lorca
también deseo.

Inspirar feliz
promesas de aventuras
desde la tinta.

Blandir el texto
como arma de conciencia
y de futuro.

Recorrer mundos
en alfombras de letras
maravillosas.

Observar vidas
cual polizón astuto
omnipresente.

Salir de encierros
que enclaustran intelectos
ignorar menos.

Elena Salinas Cortina
Puerto Rico / España

VOLVER

Vientos pasados
revivir lo vivido
ahora quiero.

Oler momentos
saborear palabras
tocar amigos.

Lluvias lejanas
dejan tardes mojadas
calor al fuego.

Volver flotando
y descubrir secretos
no cambiar nada.

Eco de voces
aromas refrescantes
canciones tristes.

Recuerdos tenues
a veces agridulces.
Anhelo volver.

Noelia Ivana Avellaneda
Argentina

CHOCOLATE

Ceremonia fiel
en la melancolía
alquimia de fe.

Hambre de amor
en la anatomía
de un soñador.

Oro intenso
antigua biología
de su creador.

Callar la pena
sentir la alegría
del compositor.

Oír el pulso
de toda la dulzura
en mi interior.

Lento derrite
su esencia perdura
para elevar.

Aroma mismo
que quita la cordura
y hace temblar.

Tentación pura
un oscuro hechizo
para no llorar.

Elogio claro
con el que bautizo
cacao de mar.

Orlando Fernández Donates
Estados Unidos

ACUARELA

Agua diluida
que sombrea los colores
cómo enterneces.

Cielo pintado
de azul celeste el lienzo
desato el alma.

Unión de matiz
deslumbra ante mis ojos
recreo un entorno.

Arde mi vista
de pasión recreativa
nace la imagen.

Riego los tintes
al compás de mi mano
el pincel vuela.

Enamorado
de la fuente del arte
suelto mis musas.

Labios de mujer
se mezclan en el óleo
surge lo bello.

Aclama la voz
del pintor en su estudio:
su creatividad.

Aníbal Delgado Núñez
Puerto Rico

AMOR

Ansias de amar
yo, recorrer tu cuerpo
acariciarte.

Morena mía
yo te amo con fervor
con mucho amor.

Orden divino
cuando fluye el amor
con mucha pasión.

Rodeada de mí
mirarme en tus ojos
apasionada.

Ely G. Cruz
Puerto Rico

PACIENCIA

Para todo hay
que esperar sin prisa
en esta vida.

Así es la espera
del ave migratoria
por su regreso.

Con sutil calma
a un deseado hijo
verá Mamá.

Igual espera
para hacerse presente
la noche al día.

Espera, calma.
Por todo hay que esperar.
¡No te impacientes!

No te impacientes.
Que la quietud te guíe
al caminar.

Cual la tortuga
sin prisa, en pausa llega
hasta el final.

Irremediable
avanzar por llegar.
¿Aún llegarás?

¡Anda adelante
que así, de poco a poco
lo alcanzarás!

Mercedes Rodríguez Rodríguez

Puerto Rico

INFILTRADO

Interés sutil
oculto en su mirar
pregonando paz.

Notorio ego
con sublime decoro
mostraba amor.

Falsa sonrisa
procurando afecto
para dominar.

Inamovible
con su crueldad innata
ante los demás.

Lástima de sí
anunciaba por doquier
para convencer.

Testarudez vil
en su diálogo hostil
pura falsedad.

Rasgando mi ser
para empoderarse
de mis energías.

Alma perdida
entre requeridos de
lealtad fútil.

Dudas se marchan
recupero mi poder
con mi sanación.

¡Ostra brillante!
Un pasado oscuro...
¡Se desvaneció!

María Victoria Arce Montoya
Estados Unidos

PROVOCACIÓN

Pasan las horas
caricias nos envuelven
bellas metáforas.

Revela tu alma
versos de filigrana
noches silentes.

Obnubilados
en el velo infinito
tiernas baladas.

Vientos nos traen
los susurros del río
magia en el aire.

Oda al amor
tararean los labios
besos encienden.

Canto de luna
hilvana la pasión
dulce desvelo.

Almibaradas
palabras embriagantes
desnudan cuerpos.

Cadenas rompen
delirio incontenible
amar sin miedos.

Idilio arcano
en paisajes oníricos
y aladas lunas.

Ocaso púrpura
tatuado en nuestra piel
nace un poema.

Nocturno cielo
remolino de sueños
crece el deseo.

María Miranda Curvelo
Venezuela

CARICIAS

Cálidas manos
se deslizan por la piel
con sutileza.

Apaciguando
dolores y aflicciones
de almas tristes.

Reconfortante
alivio inmediato
al desconsuelo.

Invitación
al sosiego interno
y a la calma.

Contacto tierno
dulce y comprensivo
muestra de amor.

Indescriptible
serenidad y gozo
suelen brindar.

Auxilio noble
con roces delicados
de gran compasión.

Sutil abrigo
que cobija silente
grato deleite.

Noemí Rubiano
Argentina

LA LLUVIA

La lluvia baila
silenciosa remueve
nuestra bravura.

Abre su esencia
prometiendo esperanza
al suelo seco.

Lloran las nubes
rayos en el azul
causan destellos.

La tierra exalta
el humano agradece
el agua expira.

Un nuevo cielo
asoma colorido
con el arco iris.

Vuelan las aves
felices con el viento
juegan los dos.

Impiden ansias
secreto de ternura
con optimismo.

Ánimo nace
en el verde paisaje
que está dormido.

———

Yuray Tolentino Hevia
Cuba

HABANA

Hermosa Habana
tus leones ya no rugen
y tu cielo es gris.

Andas desnuda
de tus hijos y risas.
Existe miedo.

Brilló tu Faro
ayer, cuando tus olas
cascabeleaban.

Antes danzaban
tus columnas y calles.
Ahora lloran.

Nubes redondas
ruedan de los párpados
sobre tu sombra.

Abre los brazos
madre de los cubanos.
Nos tienen sin luz.

Krimilda Maldonado-González
Puerto Rico

UTUADO

Un gran cacique
el taíno Guarionex.
Un gran defensor.

Tierra bendita
la Cordillera Central.
Grandes montañas.

Unes costumbres
taínas y cristianas
en la cultura.

Azul del agua
el lago Caonillas
río Tanamá.

Devuelves amor
en las fincas de café.
Tierra del cemí.

Otoao es
oro como nuestro sol
resplandeciente.

Nazyeli Rojas Aguilera
México

ESTE AMOR

Es la soledad
quien en luz resucita
donde tú mueres.

Sí, respirarte
mientras todo florece
es lo más fácil.

Toma este ser
auténtico a punto
de eclipsarte.

Es remediable
el rubí que nos grita
desde el pecho.

A veces brilla
mientras te desalma
en la denudez.

Mientras dudas
centellante de dolor
por no liberar.

Oscura verdad
teñida de ternura
densa y frágil.

Rota y azul
cuerpo y primavera
en nuestra cama.

Juan Carlos Zepeda Barragán
México

ESPEJOS

El encantador
ciego, que a los ojos me
mira, olvida.

Sobre la mesa
un trocito de cielo
muestra su rostro.

Palíndromo de
luces, en tu mirada
mi fe se inventa.

Escondes mitos
revelas las verdades
como un narciso.

Jaula de vidrio.
De piel, llanto y sueños
son tus barrotes.

Orfebre falso
que reflejas mi imagen
y no la suya.

Si aquí me encuentro
¿dónde queda el misterio
de mi reflejo?

Dragica Čarna
Bélgica / Eslovenia

REGRESA A TI

Regresa a ti
solo dentro tu hogar
hay reconexión.

Eres tu tiempo
y este nunca miente
ni te engaña.

Guarda silencio
abraza tus respiros
enciende tu paz.

Ruega al cielo
lo que no te sostiene
¡que se despida!

En templo de luz
todo se puede soltar
lo que no nutre.

Saca el dolor
lo que no contribuye
eso te mata.

¡Ámate siempre!
No huyas con el peso
expresa tu NO.

Abrázate más
la vida te conduce
cuando aquietas.

Tu alma brilla
luces siendo tú misma
en paz contigo.

Imagínate:
¡tu valor no depende
de los aplausos!

Héctor Silva

Venezuela

SILENCIO

Sonidos muertos
apacible encuentro
ecos vacíos.

Inercia total
cascabeles ausentes
palabras mudas.

Lento cavilar
palabras inconclusas
la tarde muda.

Excelsa quietud
voces adormecidas
canto vedado.

Nulidad del ser
onda sonora muerta
labios sellados.

Cuerpo silente
no afloran palabras
ocaso sin voz.

Invisible tul
arropa el misterio
mutismo sin fin.

Odioso fervor
inconclusa oración
trofeo al oprobio.

Marisett Gómez
Venezuela

LUNA

La luz nocturna
que engalana al cielo
con las estrellas.

Un satélite
natural y magistral
de nuestra Tierra.

Nueva o llena
creciente o menguante
es fascinante.

Acompañante
permanente y fiel
de nuestras noches.

Blanca Sonia Padilla
Estados Unidos

LA MADRE NATURALEZA

Late el amor
cuna de la creación
la humanidad.

Aguas reflejan
como espejo azul
en el bello mar.

Memorias hablan
son testigos de soles
en su silencio.

Alba despierta
en susurros de hojas
danza del viento.

Dorado el sol
las aves lo abrazan
en su caminar.

Ríen bien alto
para guardar secretos
en su corazón.

En su regazo
como lienzo sereno
la hermosa flor.

Naturaleza
cubre de paz el dolor
con mucho amor.

Aurora astral
canta su dulce canción
flora matinal.

Tu abrazo es
donde el ave canta
su dulce trinar.

Urgente clamor
que curen las heridas
en su gestación.

Ruge la ola
abraza la orilla
en su caminar.

Aves que lloran
la vida se escapa
al querer volar.

Los bosques arden
el fuego se propaga
con brillante luz.

En su silencio
la vida se escapa
ceguera fatal.

Zonas quemadas
por incendio forestal
pérdida total.

Amor de madre
nos nutre, nos protege
¡incondicional!

Daniela Rosales Medina
México

INTELIGENCIA ARTIFICIAL

Intentos vanos
de parecer personas:
imitaciones.

No más conciencia
sino razonamiento
sin una mente.

Tecnología
para todos los usos
imaginables.

Entorno virtual
posapocalíptico
que nos oprime.

Las cualidades
de los seres humanos
aunque sin vida.

¿Infringiremos
las leyes naturales
al ceder control?

Genios nacimos
y tendremos la culpa
si nos supera.

Estamos solos
ante la maquinaria
amenazante.

Nacimos libres
y nos esclavizamos
ante las redes.

Ciberespacio
de posibilidades
ilimitadas.

Informática
automatizaciones
de lo tedioso.

Aprendizaje
y mejor desempeño
con nuestros datos.

Alexa, Siri
y cualquier asistente
nos desafía.

Reprogramamos
la realidad ahora
con el internet.

Trabajadores
de circuitos y cables
nos desplazarán.

Innovaciones
en los dispositivos
que nos gobiernan.

Ficción parece
cuando las plataformas
entrañan riesgos.

Interacciones
de lo cibernético
y lo viviente.

¿Computadoras
capaces de salvarnos
o de vencernos?

Intentaremos
proteger el futuro
que nos aguarda.

Apartémonos
del sensacionalismo
de lo digital.

Los científicos
asumen los avances
y consecuencias.

Rocío del Carmen Villanueva M.

México

DESPEDIDA

Dice marcharse
al irse, una cebolla
frota los ojos.

Espera tiempo
preciso reconocer
qué es la distancia.

Salve presencia
su maleta y regreso
antes que olvido.

Parte y se parte
sus zapatos ya no son
sólo fragmentos.

Ella es sin duda
un aguijón de ausencia
pronta a quedarse.

Déjame la voz
antes que tu silencio
mude la tarde.

Intrépida va
no le falta un camino
basta una puerta.

Duelen los labios
la palabra es alambre
adiós una púa.

Aventurera
cargas el calendario
dejas el clavo.

Dorothée León Cadenillas
Alemania

TUS MENTIRAS

Tiernas palabras
se mecen alto en las
briznas de hierba.

Umbrales crean
donde flores místicas
se entrelazan.

Se adhieren a
mi piel, mil espejismos
alucinantes.

Me adormecen.
Rumor de follajes, un
lecho irreal.

Evocan sueños.
Gorjeo de pájaros
que me engaña.

Noche y día
tus fábulas navegan
hijas del aire.

Tamizas letras.
Caigo en el juego de
tu fantasía.

Inhalo tu voz.
Sin brújula te sigo
mareándome.

Raro despertar.
Destierro el hechizo.
Mentiras, adiós.

Adiós, maestro.
¡A romper las marañas
los densos velos!

Suspiro, me voy.
Rocoso el camino
hacia la verdad.

Lilian Aguilar de Andreutti
Venezuela

VIDA

Vaso cósmico
manifiesta expresión
generadora.

Inconcebible
alquimia celestial
corporizada.

Dádiva magna
de la gran explosión
otrora tiempo.

Alegres días
esfuerzo cotidiano
sociabilidad.

Silvia Alicia Balbuena
Argentina

SEMILLA

Sembré mi sueño
en los laberínticos
soñares tuyos.

Espuma sutil
mis semillas al viento.
Tu ser tan lábil.

Mutilada fe:
sembradío inútil
mis esperanzas.

Ígnea audaz
recorrí distancias en
vagas esperas.

Lágrimas mías
en tus páramos yermos
frágil validez.

Levedad vana
mis semillas sembradas
en tu seco ser.

Alma callada.
Seguiré esperando
tus brotes en mí.

Mariana Aguiar Caorsi
Uruguay

EL PUNTO

El punto final
cercena la oración
de todo amor.

Lastimándote
por dentro y por fuera
aún sin querer.

Puede terminar
porque los sueños vuelan
por cuenta propia...

Únicamente
lo que mata la muerte
corta las alas.

No será el fin
de proyectos que laten
en los que viven.

Tal vez parezca
que no hay reconstrucción
que te despegue.

Ocultándose
en ilusiones nuevas
la magia está.

Marisandra Capobianco
Italia

AQUÍ

Aquí sentada
rodeada de luz y
color me quedo.

Quieta, inmóvil
escucho el sublime
cantar del mar.

Una gaviota
vuela a lo alto sin
rumbo. Sin parar.

Incito mi ser
a dejarse llevar por
el balanceo.

Gisele Rodríguez Vázquez
Puerto Rico

<u>ALMA</u>

Alineas mi ser
con inefable gozo
de excelsa gloria.

Liberándome
de cargas cotidianas
que me aniquilan.

Matriz del verbo
invisible a los ojos
eres eterna.

Abrazas mi yo
con vida dentro de mí
sin ti no existo.

Adriana Villavicencio Hernández
México

ERA

Evolucionar
a pasos gigantes e
incontrolables.

Rodeados de
la piedra filosofal
al fin hallada.

Abre la mente
humana, el nuevo dios
es artificial.

Felipe Urrutia Ponce
Chile

OTOÑAL

Otoño, vive
que te necesitamos
eres cereal.

Tormentas vienen
algunas veces quizás
pero nos das más.

Oh, te recuerdo
sí, feliz cosechando
moras y moras.

Ñeque lo tienes
te unes con el viento
naturaleza.

Agua de abril
lluviosa de libertad
la tierra brilla.

Lánguido quedo
cuando otro trimestre
te deja atrás.

Elba I. Gotay Morales
Puerto Rico

VIVES EN MÍ

Voy navegando
esto que llaman vida...
Agradecida.

Iluminaste
llenaste de ensueños
y desde lejos.

Vivo para ti
corazón bien abierto
que me envuelve.

¡Esperanzada!
Invitándome a amar
sentir y soñar.

Salud deseo
para realizar mis
deseos juntos.

Entre mis venas
sentimientos agitan
mis pulsaciones.

Nada es igual
todo hoy tiene vida
gracias, Amore.

Metamorfosis.
Nacimiento profundo
a vivir, amar.

Insaciable mi
deseo de juntos ser.
Solo sueño fue.

Verónica Amador Colón
Puerto Rico

POR TI

Pasaría yo
por la vida, silente
¡sin esperanza!

Observo tu faz
sereno, feliz, quieto
¡imperturbable!

Recorreré, sí
los cielos, aire y mares
por verte sonreír.

Tierno retoño
¡hijo de mis entrañas!
¡Te quiero feliz!

Íntegro, por ti
daré hasta la vida
¡fruto del amor!

Isabel Furini
Brasil / Argentina

EL TÉ

Es delicioso.
Acalma el corazón
al anochecer.

Lujurioso es
y hasta espirituoso
hace sonreír.

Té de jenjibre
a las cinco en la tarde
bebida alegre.

Éxito del té
que revela su poder
y su prestigio.

Lady Rojas Benavente
Canadá

VIVA LA VIDA

Viento del amor
enlaza a ambos seres
apasionados.

Íntimamente
deseantes avanzan
ágape suave.

Voto de entrega
aleteo mutual
sólido lazo.

Ansias continuas
palabras floreciendo
vórtice juntos.

La excitación
estremece a mujer
agita al hombre.

Alguien ya crece
en el vientre redondo
un ave canta.

Valientemente
nace preciosa niña
grito vital.

Inminente va
despacito avanza
traza sendero.

Diosa la cuida
corazón y cabeza
latidos pulsan.

Alba con lila
flores primaverales.
¡Linda familia!

Honorio Agosto Ocasio
Puerto Rico

BURLA

Blasfemia total
cuando juzgas sin piedad
la mansedumbre.

Usurpas amor
a diestra y siniestra
vertiendo dolor.

Rasgas con crueldad
el corazón más dócil
creyendo ganar.

Lástima darás
cuando seas burlada
por el burlador.

Alimaña vil
darás gritos mortuorios
buscando perdón.

Bryan A. Romero Márquez
Italia

CAFETERÍA

Cubres las pieles
del frío agresivo
y gris de enero.

Atenta siempre
a las conversaciones
de los sujetos.

Fiel al trabajo
mañanero de siempre
¡nunca te cansas!

En tus paredes
cuelgan fotos del paso
del buen vivir.

Tus muros tienen
los más finos recuerdos
cicatrizados.

Entran en ti
los más necesitados
de un descanso.

Ruedan suspiros
en el aire debido
a tus cafés.

Incomparable
el sabor de tus panes
por la mañana.

Amo escribir
sobre tus mesas toda
mi poesía.

Kristopher Torres
Puerto Rico

SUDOR

Simple trabajo
abro el solar con pico
puño y sudor.

Un paño sucio
mi alivio es, y la
pava, mi sombra.

Duelón eterno
es mi espalda y cañones.
Rojas mis palmas.

Oneroso, mas
no siento el dedo del sol.
Usufructo mío.

Respaldo mío
es el Señor Creador
su santa labor.

Laura Parra
Reino Unido

VA

Veo que pasa
aquel hombre descalzo
lleva una pena.

Algo perdido
por el camino va y
sus ojos lloran.

Carmen García-Ocasio

Puerto Rico

PATRIA

Perdido estoy
divagando sin rumbo
te extrañaré.

Alzo mi vuelo
mirando el horizonte
con esperanza.

Tiempo, camina
lento pero seguro
no te detengas.

Recuerdos quedan
ilusiones y sueños
espero cumplir.

Isla hermosa
que con falsas promesas
te engañaron.

¡Ay, patria mía!
¿Cuándo te veré libre?
No te olvidaré.

Luz Betancur Posada
Chile

NACER

Nadie suplica
el alma lo decreta
y aquí estas.

Alas dispuestas
a emprender el vuelo
por no morir.

Cálido soplo
humilde es el amor
de quien da a luz.

Es el momento
la flor se abre paso
brota el llanto.

Ronda un ángel
la maternidad suave
que te abraza.

Gladys E. Curvelo de Miranda
Venezuela

GUERRA

Gimen de dolor
almas entristecidas
por tanta crueldad.

Urgidas están
de piedad y consuelo
por tanto terror.

Exterminio vil
de vidas inocentes
no tiene perdón.

Revertir el mal
que tanto daño causa
es imposible.

Restaurar vidas
que han sido destruidas
jamás se podrá.

Auxilio piden
humanos devastados
son ignorados.

Nelly Vigil Quirce
España

DANA

Dolor punzante
torturando recuerdos
tiempo sombrío.

Arrasa cuerpos
vil dana inclemente
irrespeta fe.

Nadan hundidos
desde fuera con agua
lágrimas dentro.

Anega lodo
quedando arrastrados
vidas cegadas.

Rubén Darío Portilla Barrera
Colombia

YESTERDAY

¿Y qué del ayer?
Ya voló al pasado
para no volver.

El día de hoy
mañana será ayer
y al olvido.

Sufrí por amar
y si hoy fuese ayer
más amaría.

Tenue lucero
fue el dia de ayer
ya se apagó.

Estoy perplejo
¡sí! Porque ayer nací
y hoy ya muero.

Rosado sutil
de un pasado sano
que hoy es negro.

Dios me juzgará
por no vivir el ayer
en su plenitud.

Ayer te ceñí.
¿Quién me ceñirá a mí
hoy en mi vejez?

...Y el sol se va
luego mañana diré:
Ayer pasó.

Yariel Figueroa Vega
Puerto Rico

DESVELO

Duele tu hueco
al intentar escribir
sobre nosotros.

En la penumbra
mis letras tiemblan solas
al recordarte.

Suspiro y lloro
inquieto en la noche
escribiéndote.

Vuelve el desvelo
tu mirada distante
late tu adiós.

Existes solo
en la tinta de mis
poemas rotos.

Líbrame de ti
de esta tinta seca yo
quiero descansar.

Oblivio siento
otra página en blanco
se apaga el lápiz.

Alexis Emiliano Rico Diego
México

FALSO CÍNICO

Franca soledad
aún irá precisa.
De oscuridad.

Aislado estoy
todavía cálido
no receloso.

La luz es fría
con extrañeza linda
cautivadora.

Solo con mi voz
yo buscaré un camino
de realidad.

Ominoso, no.
Atrapante tampoco
solo muy real.

Cínico veo
miradas despectivas
a mi persona.

Imponderables
pero gusto de verlas.
Me empodera.

No les temeré
me divierte mirarlos
muy incómodos.

Imbatible soy
determinado de más
capaz de todo.

Como espuma
invasivo exploro
eso me gusta.

Ocurrente voy
sin la mínima piedad.
Les estallaré.

Luccia Reverón
Puerto Rico

<u>VELA</u>

Ver luz alegra
dirige toda vida
iluminada.

Es encendida
para brillar a todos
a cualquier hora.

Luciérnaga es
a los ojos que miran
ilusionados.

Ambiente grato
claridad nos regalas
luz a las almas.

Rosaura Tamayo Ochoa
México

GLACIAL

Glacial, la zona
gruesa masa polar
sale agua dulce.

La gruesa zona
por acumulación
muestra el pasado.

Antártida fría
suministro térmico
en el planeta.

Casquete en polo
existen en la Tierra
son muy extensos.

Inician forma
muchos millones de años
fríos lugares.

Ablación glaciar
nieve acumulada
se les derrite.

La neviza es
el proceso del hielo
su trasformación.

Geonela Lamboy
Puerto Rico

BIODIVERSIDAD

Balancean y
evolucionan para
poder existir.

Ignoramos el
hecho que solos no
podemos vivir.

Olvidamos que
dependemos de todos
para respirar.

Diversidad de
especies, cada uno
tiene una función.

Ignoramos que
no somos los únicos
con propósitos.

Variedad para
resistir a los cambios
y sostenernos.

Existir versus
coexistir es morir
frente a vivir.

Reciclan nuestros
desperdicios, pongamos
de nuestra parte.

Somos parte de
un ciclo, todos nos
necesitamos.

Ignoramos las
consecuencias de nuestra
cotidianidad.

Despierta, somos
cada vez más finitos
nos agotamos.

Auxilio, nuestra
especie no podrá y
se extinguirá.

Diversidad es
clave para continuar
sobreviviendo.

Óscar Abdiel Romero Salazar
Colombia

ALETEANDO

Alas al viento
agraciada y serena
como la aurora.

Largas esperas
para abrir los colores
con sus espectros.

Es delicada
como suave caricia
apasionada.

Tersa y delgada
cual frágil amapola
ensombrecida.

En su flirteo va
siendo sutil cadencia
en la mañana.

Ante las flores
como danzante eterna
en sus amores.

Nada hacia el viento
mostrando la grandeza
de aquel paisaje.

De madrugada
cual poema silente
entre pistilos.

Oh, mariposa
cómo envuelven tus brillos
mis fantasías.

Margaret Sandoval Ramírez
México

BAILARINA

Bella expresa
su danza armoniosa
al compás azul.

Al cielo llegan
zapatillas de puntas
con ligereza.

Inmensa gracia
vistes el escenario
siempre que bailas.

Luces enciendes
dentro de tu corazón
lago de cisnes.

Aplausos fuertes
escuchas elegancia
musicalidad.

Recoges rosas
rojas y amarillas
finalizando.

Inmortalidad
expresa tu belleza
desde el alma.

Noche de gala
orquesta sensacional
cortinas largas.

Artistas grandes
acrobatas flexibles
delicadeza.

Carmen Chinea Rodríguez
España

SECRETO

Sueltas de nuevo
su ingenua presencia
dejándola ir.

Esperándote
pasó años enteros
ávida de ti.

Como limosna
tu amor clandestino
la desmorona.

Rota de amor
tu engaño y desdén
ella esconde.

Estructurado
tu relato es frágil
repetitivo.

Tomas y dejas
das falsa esperanza
indiferencia.

Oscura pasión
camino al infierno
vaga confusa.

José Luis España Sánchez
España

AUSENCIA

Aún te añoro.
Han pasado los años
quedan imágenes.

Urdir mil sueños
en praderas de luces
¿muerto el pasado?

Sierpe escondida
es el olvido yerto
del sentimiento.

Entre trigales
los versos perfumados
que te escribí.

Nubes sin lustre
caminando sin rumbo
¿dónde el sendero?

Cabalgar vientos
navegar universos
¿dónde el amor?

Iridiscencia
en los recuerdos muertos
¿sigues ahí?

Atardecer
llora el alma afligida.
¡Duele tu ausencia!

Samuel Ortega Barajas
México

TE VEO BAILAR

Tenue delirio
de energía rebosante
llena tu alma.

Elegante son
del tañir tu voz en luz
guiando mi fervor.

Vibrando sin fin
las tres notas celestes
que pintan tu ser.

En cada día
suena toda tu danza
me da mar y sol.

Olas sagradas
bañan mis dos pupilas
nostalgia de ti.

Benigno perfil
lidera tu ligera
figura fugaz.

Acompañando
cada latido de fe
tu descendencia.

Incandescentes
ojos de dulce mirar
fulgor sin parar.

Laurel de seda
reto a tu libertad
baluarte tu fe.

Alegre risa
que templa en tus sienes
un haz divino.

Raudal juvenil
transmite suave vaivén
al verte bailar.

Jorge Riera
Venezuela

PECADOR

Privó "yo" en él
engañarte fue error...
¡Dura la caída!

En nuestro desdén
enterramos el Edén...
¡Obviamos del bien!

Culpa y penas
sudarás y parirás...
¡Labor y dolor!

Anclados al mal
sin *fin* y peregrinos...
¡Sinfín destino!

Deidad de amor
prometido Redentor...
¡Trino Salvador!

Oramos por ver
desde el herido ser...
¡Al Creador volver!

Redimidos ya
y creyendo, sin verte...
¡Hemos de verte!

Lisa María Hernández Montañez
Puerto Rico

SEQUÍA

Sed en los labios
de todos los amantes
venas vacías.

Espejos que no
reflejan las miradas
sobrevivimos.

Querer querernos
sin agua en la raíz
todo es vano.

Urge escribir
sentimientos profundos
morir con ganas.

Imagina hoy:
el río corre libre
entre las rocas.

Abraza vida
los segundos que tienes
mañana no sé.

Ángel González Centeno
Puerto Rico

FIN DE LOS TIEMPOS

Fuego arde hoy
en las meras entrañas
del ser humano.

Impío, tan vil
el mal peor del mundo
los abrasará.

No será menos
será en sí mucho más
toda la culpa.

De cada uno
igual tendrá responder
por los pecados.

Es ya la hora
que las bárbaras guerras
la paz suplante.

La atmósfera
respire aire puro
el Sol depure.

Océanos ya
libren tantos tóxicos
a las especies.

Siendo límpida
toda tierra arada
no más ajada.

Todos los bosques
la filigrana verde
nunca la pierdan.

Inmersos unos
en mundana perdición
otros al borde.

Es la hora ya
de poner en balance
todo lo bueno.

Malo sí también
y sopesar lo que nos
resta por vivir.

Porque el final
parece estar cerca
muchísimo más.

¡O atendemos
la obediencia a Dios
para que nunca...!

¡Sodoma como
Gomora encuentren hoy
gran similitud!

Leyda L. Gómez Rentas
Puerto Rico

<u>MEMORIA</u>

Memoria fiel
si un día yo te pierdo
recuérdame tú.

En tu alcancía
guardas tantas escenas.
¡Toda mi vida!

Mira hacia atrás
hemos acumulado
mutua confianza.

Oscuro y claro
seguro en tu valija
todo está a salvo.

Respeto inmenso
arropa los recuerdos
honra y silencio.

Insigne voto
de apoyo solidario
libre y perpetuo.

Allá nos vemos
donde funden la mente
y el corazón.

Margarita Altez Segovia
Uruguay

UMBRAL

Un alma inquieta
ante el viento susurra
penas y amores.

Mueren. Renacen
en llantos y suspiros
cantando fuerte.

Bravos corceles
trillan fértiles campos
trigal de ensueño.

Ruedan los cantos
en cristalinas aguas
remolineando.

Ardientes sedas
abrasadoras llamas
besan la luna.

La noche es sabia
sinfonías los grillos
tonan al alba.

John Francisco Rodríguez Millán
Puerto Rico

BUSCA EN MI CORAZÓN

Brotó tu voz
como la flor herida
que no murió.

Un resplandor
nació en tu despedida
y fue dolor.

Se fue el edén
que cultivé en tus sueños
como un desdén.

Cuando te vas
queda un rumor de estrellas
que no verás.

Al recordarte
mi alma se hace un nido
para esperarte.

En tu rincón
dejé todas mis dudas
y mi razón.

Nunca sabrás
cúantas veces te lloro
por no estar más.

Mi corazón
es tu refugio siempre
busca lo tuyo.

Inmenso azul
bajo el que me perdías
como un farol.

Cayó la fe
cuando tu sombra huyó
de mi porqué.

Otra ilusión
me ofreció tu ternura
tu compasión.

Recuerdo fiel
fue tu voz en el eco
de aquel laurel.

Auque descanso
me llevas desde lejos
como un remanso.

Zarpó el dolor
cuando el amor sin rumbo
perdió el color.

Óyeme bien:
todo lo que me diste
aún sabe a miel.

Nada te impide
mi corazón lo tiene
búscalo siempre.

Tomás Montalbert-Smith Castro
Costa Rica

RUPTURA

Repentino fue
los abrazos se enfriaron
se apagó la luz.

Un mensaje que
borró toda confianza
sin previo aviso.

Promesa al viento
que en poco tiempo se fue
desvaneciendo.

Tal vez hubiera un
mundo donde el perro aún
ladrara por ti.

Ululan sin fin
regalos en la sombra:
ojos de un búho.

Recuerdos de ayer
guardados en el baúl
del pensamiento.

Aunque me duela
al llegar la marea
se va la arena.

Timothy Pérez
Puerto Rico

TRECE

Trece años ya
libre, fuerte aún sigue
ojos que miran.

Rastro en mi mente
estorban recuerdos
yo guardo la voz.

Ecos del tiempo
segundos deslizantes
reloj en rojo.

Casa antigua
ausente en la casa
abuela aún está.

Estampado, el
loco de la familia
lejos los dejé.

Alexandro Calamateo Venancio
México

AMOR

Amor que hiere
anestesia y dolor
sin causa o fin.

Mediocridad es
soñarlo todo y luego
perder el dormir.

Odio y el dolor
que hiere y que me cura
qué dulce el dolor.

Rencor, deseo
maldad y caridad
el final sin fin.

María del Rocío Manzano Hernández
México

<u>FÉNIX</u>

Figura alada
ángel de fuego nuevo
resurge solo.

Eleva el vuelo
deja abajo cenizas
brasas y dolor.

Ningún límite
puede aceptar ahora
con ese impulso.

Inventa cielos
y posibilidades
con nueva vida.

Xilofón suena
cuando la fuerza alada
rompe las nubes.

Stella Maris Farfán
Argentina

PAPA FRANCISCO

Pastor de pobres
de costumbres, austero
zapatos rotos.

Así viviste
este pontificado
así, te fuiste.

Papa Francisco
los fieles católicos
gritan tu nombre.

Al Dios del cielo
por ti siempre rezamos
tú lo pediste.

Francisco, eres
del humilde de Asís
representante.

Riqueza nula
de materiales caros
ejemplo vivo.

Amor a la paz
como aquel Francisco
de hace siglos.

No ser pasivos
era tu lema de fe
sí, ¡hagan líos!

¡Cuántos jóvenes
invitados a actuar
a ser valientes!

Igual que niños
quedamos sin un padre
de cierta forma.

Sólo nos queda
buscarte en el cielo
rezar contigo.

Celdas muy frías
en Pascuas visitaste
te despedías.

Oyeron tu voz
con sonido celestial
aquellos presos.

Norma Coronado
México

HORROR

Honesta voz
repleta de apatía
deja de hundirme.

Oasis libre
desolador y cruel
lo dañas todo.

Rojo líquido
de caricia fatal
déjame libre.

Raíz creciente
asfixiame en dolor
y sufrimiento.

Otra persona
sucumbe a la presión
del abandono.

Recuerdos largos
que corrompen mi vida
y mi razón.

Francisco Pagán Oliveras

Estados Unidos / Puerto Rico

LUNA

La noche silba
abre su ojo blanco
pintando malvas.

Une las luces
dispersas como granos
en un círculo.

Nacara su haz
cuece cuentos con leche
soñando cunas.

Al fin, las sombras
dispersas en su ojo
se vuelven malvas.

Sofía Magaña Escobar
México

VULNERABILIDAD

Vapor sólido
yace un pecho opalino
el viento caza.

Urna en alma
desnuda va la luna
alumbra frío.

Limón rosado
lo encapulla el piso
ilusión fértil.

Nirvana brisa
ha conocido al sol
chispa añeja.

Ecléctico par
algodón eléctrico:
sosa locura.

¿Resonar? Falso
el amarillo crea
el azul turba.

Amapola en fe
y pinté a la neblina
desconocida.

Beso de Babel
dio juego a Medusa
me atrapó.

Iluso dolor
que con mi agua de cristal
lo encapsule.

Llama tóxica
que en hiel desvanezca
él, traidor mío.

Inquieta daga
espeso desentender
rompe el agua.

Diluvio muerto
tu futuro seré:
dureza fina.

Alba familiar
el viento me atrapa
vuelvo a irme.

Deficiencia soy
visto a las espinas
perezco, amor.

María Rocío Rentería Palafox
México

DÉJAME TU VOZ

Déjame tu voz
en la pausada noche
que no estás.

Escucha el llanto
que no sale del pecho
muerto de extrañar.

Junto a tu nombre
yo soy la brisa seca
un Jesús mudo.

Angustia frágil
me inunda en amarillos
atardeceres.

Me faltas todo
como el titiritero
sin marioneta.

Estabas ahí:
casi dormido en tu
último aliento.

Tú prometiste
volver al atardecer
un día de lluvia.

Umbral y dolor
en tu agonía me mata
sombra efímera.

Viajas sin huella
me pierdo tu sonrisa
vuelas, no hay tiempo.

Ojos traviesos
navegan horizontes
violeta y azul.

Zafiros de luz
son tus besos ausentes
como el aire frío.

Alejandro Zuno Guzmán
México

LLANTO

Lamento triste
es un dolor intenso
mal sentimiento.

Lúgubre tono
es ligero o es intenso
presentimiento.

Alma en pena
perdida o pérdida
suspiro ruega.

No impasible
emoción necesita
fuerte sensación.

Tormento dentro
o también es externo
grito susurra.

O por alegría
es muy fuerte el impacto
canta corazón.

Yanira Valenzuela
México

HAMBRUNA

Hambre de siempre.
Cargo tus ojos, boca
piel, cenizos.

Ante la cruda
verdad que no sostiene
tu sed y tu paz.

Marca de guerra
la pena inconsolable
insostenible.

Besos de tierra
grietas cortan tus pies
manos de papel.

Rocas de cama
cuidan tu lomo, hombros
y pecho frágil.

Unión no vemos
lejana de abrazarte
niña y niño.

Niego con fuerza
a mis pasos clavados
aquí y no allá.

Anhela el alma
purgar tus ojos, piel
boca, hundidos.

Benjamín Ibarra Ramírez
México

NATURALEZA

Ni comparación
sinfonía de mi alegría
verde, viento, sol.

Agua y tierra
el canto de las aves
nube viajera.

Tormenta de luz
pendiendo de la nada
el volar de aves.

Una aventura
la nave campirana
campos de siembra.

Rosa colibrí
multicolor agreste
la danza de alas.

Alas del mundo
el pulmón que revive
un nudo de amor.

Luna naciente
el búho somnoliento
sigue la ruta.

Esa bendición
el viento perfumado
selva cantante.

Zona campestre
vida llena de salud
crisol al fuego.

Atardece hoy
feliz fin de mi cantar
agradecido.

Miguel Zavala Flores
México

RARO

Rotos esquemas
con miradas curiosas
juzgando el vivir.

Apabullante.
Con esquirlas de alma
solamente es él.

Refuerzo propio.
El único en vida
sin miedo de ser.

Oscuro gusto.
Con soledad y libros
disfruta el que es.

Antonio Manzano
Venezuela

EN PAZ

Estar en calma
de día o de noche
nobles instantes.

Normal atención
en vigilia profunda
nada perturba.

Puentes de luces
afinados sentidos
orden divino.

A sentimientos
silenciosos, ahora
quinta dimensión.

Zumo de vida
degusto sin palabras
éxtasis pleno.

Ellos dijeron lo que querían decir.

www.ingramcontent.com/pod-product-compliance
Lightning Source LLC
Chambersburg PA
CBHW051655260626
47170CB00004B/1521

* 9 7 9 8 9 9 9 7 7 0 7 0 7 *